目次

イザナギとイザナミ

Izanagi and Izanami

再話:堀すみれ
挿絵:チバコウタロウ
監修:穴井宰子

ずっと昔《むかし》、神《かみ》が二人《ふたり》いました。男《おとこ》の神《かみ》はイザナギ《いざなぎ》で、女《おんな》の神《かみ》はイザナミ《いざなみ》です。二人《ふたり》は雲《くも》のずっと上《うえ》の天《てん》の国《くに》に住《す》んでいました。

ある日《ひ》イザナギ《いざなぎ》は言《い》いました。

「二人《ふたり》で一緒《いっしょ》に国《くに》を作《つく》りましょう。」

二人《ふたり》は天《てん》の国《くに》の橋《はし》の上《うえ》に立《た》って下《した》を見《み》ました。それから長《なが》い矛《ほこ》を海《うみ》に入《い》れて、ぐるぐると混《ま》ぜました。二人《ふたり》は矛《ほこ》を持《も》ち上《あ》げました。すると矛《ほこ》の先《さき》からポタポタ《ぽたぽた》と水《みず》が落《お》ちて、大《おお》きな島《しま》が四《よっ》つできました。小《ちい》さい島《しま》もたくさんできました。これが日本《にほん》の島々《しまじま》です。

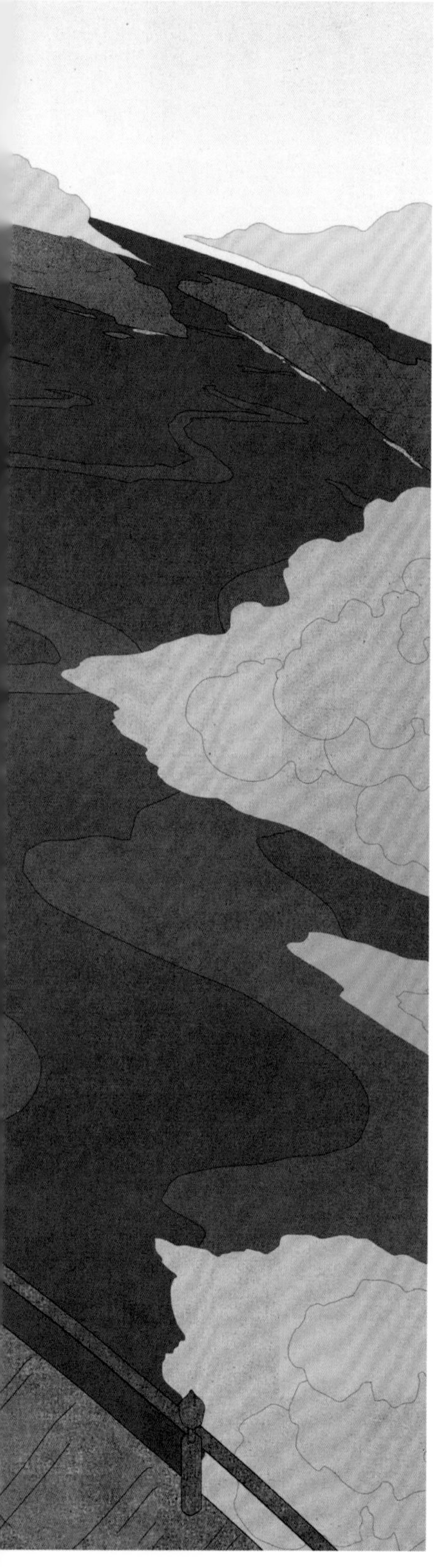

「次《つぎ》は神《かみ》を作《つく》りましょう。」イザナミ《いざなみ》が言《い》いました。

イザナミ《いざなみ》は山《やま》の神《かみ》を生《う》みました。海《うみ》の神《かみ》を生《う》みました。風《かぜ》の神《かみ》を生《う》みました。そして最後《さいご》に火《ひ》の神《かみ》を生《う》みました。ところが、

「あ、あつい、あつい！イザナギ《いざなぎ》、助《たす》けて！」

イザナミ《いざなみ》は大《おお》きい声《こえ》で叫《さけ》びました。

イザナギ《いざなぎ》はびっくりして、イザナミ《いざなみ》のところへ走《はし》って行《い》きました。イザナミ《いざなみ》は火《ひ》の神《かみ》を生《う》んで、ひどい火傷《やけど》をして、死《し》んでいました。イザナギ《いざなぎ》は怒《おこ》って、火《ひ》の神《かみ》の首《くび》を剣《けん》でザク《ざく》っと切《き》りました。

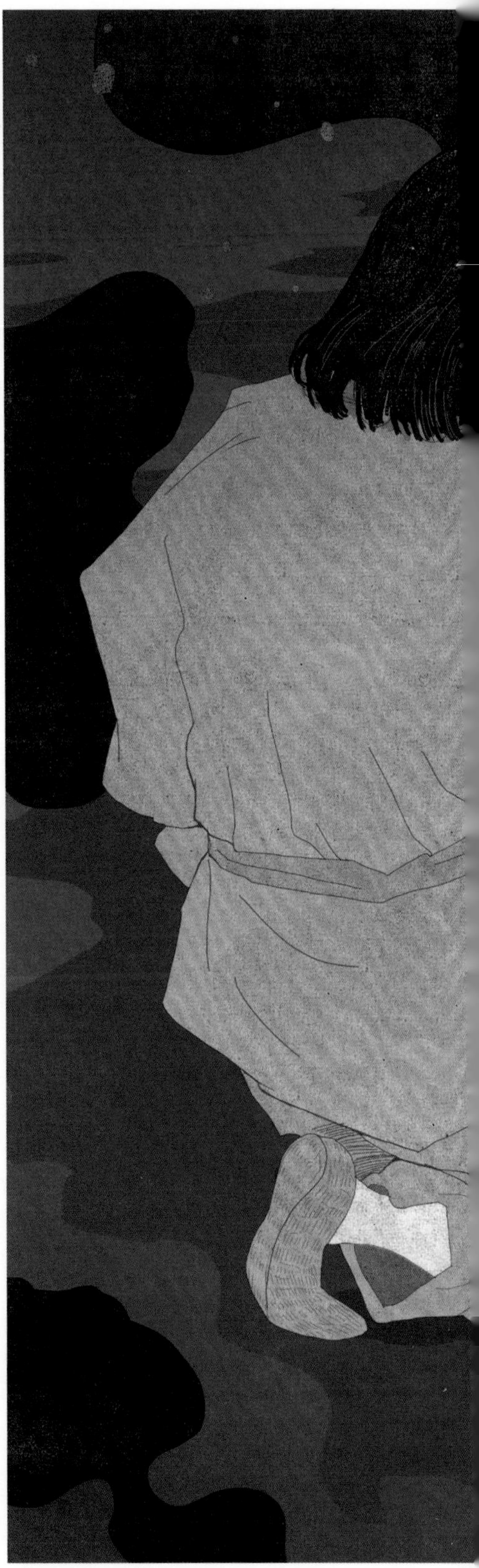

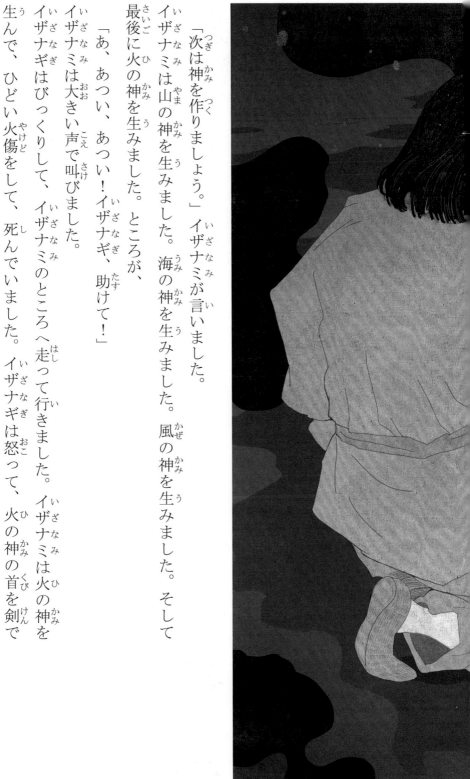

死《し》んだ人《ひと》は天《てん》の国《くに》に住《す》むことができません。黄泉《よみ》の国《くに》に住《す》みます。イザナミ《いざなみ》は黄泉《よみ》の国《くに》へ行《い》きました。

イザナギ《いざなぎ》は毎日《まいにち》悲《かな》しくて泣《な》いていました。

「うっ、うっ、イザナミ《いざなみ》に会《あ》いたい。」

次《つぎ》の日《ひ》も、また次《つぎ》の日《ひ》もイザナミ《いざなみ》に会《あ》いたくて泣《な》いていました。

「そうだ、黄泉《よみ》の国《くに》へ行《い》こう。」

黄泉《よみ》の国《くに》の入《い》り口《ぐち》は洞窟《どうくつ》です。イザナギ《いざなぎ》は洞窟《どうくつ》に入《はい》りました。真《ま》っ暗《くら》です。

「イザナミ《いざなみ》ー。迎《むか》えに来《き》ましたよ。」

ズルっ、ズ《ず》ル《る》っ。

「イザナギ《いざなぎ》、よく来《き》ましたね。」

イザナミ《いざなみ》の声《こえ》がしました。でも暗《くら》くてよく見《み》えません。

「イザナミ《いざなみ》、一緒《いっしょ》に天《てん》の国《くに》に帰《かえ》りましょう。」

イザナミ《いざなみ》は何《なに》も言《い》いません。

「さあ、早《はや》く。」

イザナミ《いざなみ》はまだ何《なに》も言《い》いません。

「・・・」

しばらくしてイザナミ《いざなみ》は言《い》いました。

「黄泉《よみ》の国《くに》の神《かみ》と話《はな》します。でも、ひとつ約束《やくそく》してください。ここで私《わたし》の姿《すがた》を絶対《ぜったい》に見《み》てはいけません。いいですね。」

「わかりました。」

そしてイザナミ《いざなみ》は暗《くら》い洞窟《どうくつ》の中《なか》に消《き》えました。

ズ《ず》ル《る》っ、ズ《ず》ル《る》っ、ズ《ず》ル《る》っ。

ドキドキドキドキ《どきどきどきどき》。イザナギ《いざなぎ》はイザナミ《いざなみ》を待《ま》ちます。十分《じゅっぷん》待《ま》ちました。三十分《さんじゅっぷん》待《ま》ちました。一時間《いちじかん》待《ま》ちました。イザナミ《いざなみ》はまだ帰《かえ》ってきません。イザナギ《いざなぎ》はもう待《ま》つことができません。ろうそくに火《ひ》をつけて、洞窟《どうくつ》の奥《おく》へ行《い》きました。

しばらくすると部屋《へや》がありました。

イザナギ《いざなぎ》は部屋《へや》の入口《いりぐち》から中《なか》を見《み》ました。大《おお》きい蛇《へび》が寝《ね》ていました。体《からだ》はヌルヌル《ぬるぬる》していて、ハエ《はえ》がたくさんまわりを飛《と》んでいます。

イザナミ《いざなみ》はそっと近《ちか》くへ行《い》きました。

ギロ《ぎろ》っ。

黄色《きいろ》い目《め》がイザナギ《いざなぎ》を見《み》つめます。

なんとその蛇《へび》はイザナミ《いざなみ》でした。

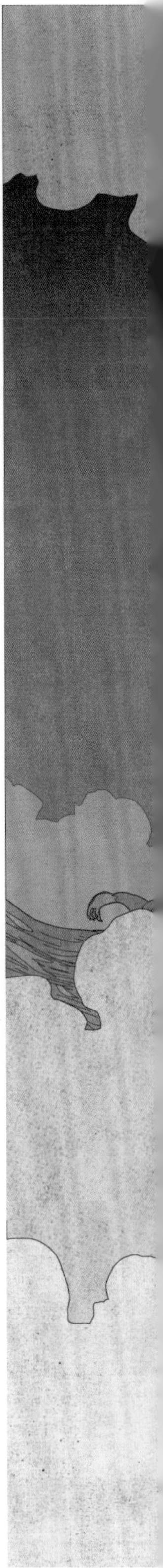

「ぎゃーーー！」

「待《ま》てええ！」

イザナギ《いざなぎ》は逃《に》げます。イザナミ《いざなみ》は追《お》いかけます。

「イイザァナァギィ《いぃざぁなぁぎぃ》ー！」

ダッダッダッダッダ《だっだっだっだっだ》。イザナギ《いざなぎ》は真《ま》っ暗《くら》の中《なか》を走《はし》ります。

光《ひかり》が見《み》えました。もうすぐ洞窟《どうくつ》の入口《いりぐち》です。

イザナギ《いざなぎ》は洞窟《どうくつ》を出《で》ました。イザナミ《いざなみ》はもうすぐそこに来《き》ています。入口《いりぐち》の横《よこ》に大《おお》きい岩《いわ》があります。

「これだ！」

岩《いわ》はとても重《おも》いです。千人《せんにん》の力《ちから》が要《い》ります。

「んあぁあぁ！」

その時《とき》、たくさんの日本人《にほんじん》が来《き》て岩《いわ》を押《お》しました。

ゴゴゴ《ごごご》ーっと大《おお》きい音《おと》がして、岩《いわ》が動《うご》きました。洞窟《どうくつ》の入口《いりぐち》は閉《し》まりました。

洞窟《どうくつ》からまだイザナミ《いざなみ》の声《こえ》がします。

「ゆるしませんよ。日本《にほん》の人々《ひとびと》を一日千人殺《いちにちせんにんころ》します。」イザナミは言《い》いました。

「それでは私《わたし》は日本《にほん》の人々《ひとびと》を一日千五百人作《いちにちせんごひゃくにんつく》りましょう。」イザナギ《いざなぎ》は言《い》いました。

イザナギ《いざなぎ》は洞窟《どうくつ》の前《まえ》に座《すわ》りました。ツ《つ》ーっと涙《なみだ》が一筋《ひとすじ》出《で》て、地面《じめん》にぽとっと落《お》ちました。しばらくして、イザナギはすっと立《た》ち上《あ》がりました。それからピン《ぴん》と背《せ》を伸《の》ばして、一人《ひとり》、天《てん》の国《くに》へ歩《ある》いていきました。

昔の子供のあそび

Children's Games

文、監修：穴井宰子
絵：毛利憲治

昔《むかし》の子《こ》どもの遊《あそ》び

昔《むかし》、子《こ》どもたちはどんなことをして、遊《あそ》んだでしょう？

時々《ときどき》、テレビ《てれび》を見《み》ます。

でも、コンピュ《こんぴゅ》ータ《た》ーはありません。

スマホ《すまほ》もありません。

友達《ともだち》と一緒《いっしょ》に色々《いろいろ》なことをして遊《あそ》びました。

ン電車」

昔・子供の遊び絵「フラフープ」

昔・子供の遊び絵「おにごっこ」

昔・子供の遊び絵「海水浴場」

昔・子供の遊び絵「三輪車」

昔・子供の遊び絵「福笑い」

昔・子供の遊び絵「カンシャク玉パン」

昔・子供の遊び絵「おり紙」

折《お》り紙《がみ》

折《お》り紙《がみ》しましょう。
鶴《つる》を折《お》ります。
奴《やっこ》さんを折《お》ります。
犬《いぬ》を折《お》りましょう。
猫《ねこ》も折《お》りましょう。
恐竜《きょうりゅう》も？

おしくらまんじゅう

寒《さむ》い日《ひ》は、「おしくらまんじゅう」しましょう。
背中《せなか》を合《あ》わせて、さあ押《お》しましょう。

おしくらまんじゅう　♪
おされてなくな　♪
おしくらまんじゅう　♪
おされてなくな　♪

背中《せなか》が、ポ《ぽ》カ《か》ポ《ぽ》カ《か》あたたか〜い。

昔・子供の遊び絵「おしくらまんじゅう」

昔・子供の遊び絵「テンテンテンマリ」

手毬《てまり》

「あんたがたどこさ　♪
肥後《ひご》さ　♪
肥後《ひご》どこさ　♪
熊本《くまもと》さ　♪
熊本《くまもと》どこさ　♪
仙波《せんば》さ　♪
仙波山《せんばやま》にはきつねがおってさ　♪」

歌《うた》に合《あ》わせて、鞠《まり》をつきます。
テン《てん》、テン《てん》、テン《てん》。

シャボン玉《しゃぼんだま》

「シャボン玉《しゃぼんだま》　飛《と》んだ♪
屋根《やね》まで　飛《と》んだ♪
屋根《やね》まで　飛《と》んで♪
こわれて　消《き》えた♪」

息《いき》を吸《す》って、やさしく吹《ふ》きます。
シャボン玉《しゃぼんだま》を飛《と》ばしましょう。

昔・子供の遊び絵「シャボン玉」

昔・子供の遊び絵「縄跳び」

昔・子供の遊び絵「縄跳びパン」

縄跳《なわと》び

ぴょん、ぴょん、ぴょん

縄跳《なわと》びしましょう。

ビ《び》ュ《ゅ》ー《ー》ン《ん》、ビ《び》ュ《ゅ》ー《ー》ン《ん》、ビ《び》ュ《ゅ》ー《ー》ン《ん》。

わあ、はやい！

桜《さくら》ちゃん、上手《じょうず》、上手《じょうず》。

みんなで一緒《いっしょ》に縄跳《なわと》びしましょう。

あした天気《てんき》になあれ

あしたの天気《てんき》は、晴《は》れ？　雨《あめ》？

「あした天気《てんき》になあれ。」

下駄《げた》を高《たか》ーく放《ほう》り投《な》げます。

あーーあ、雨《あめ》。

晴《は》れだ！

昔・子供の遊び絵「あした天気にな～れ」

おばあちゃんと森の茶室

The Grandma and Tea House in the Wood

作：山中彰子
挿絵：チバコウタロウ
監修：穴井宰子

今日《きょう》から、春休《はるやす》み。麻里《まり》は、お母《かあ》さんとお父《とう》さんと一緒《いっしょ》に、車《くるま》で隣《となり》の町《まち》までやってきました。

この町《まち》には、麻里《まり》のお祖母《ばあ》さんの家《いえ》があります。

お祖母《ばあ》さんの家《いえ》は、大《おお》きくて、とても古《ふる》い家《いえ》です。

お祖母《ばあ》さんの家《いえ》の門《もん》の前《まえ》に着《き》きました。きれいな庭《にわ》があります。

入《い》り口《ぐち》に石《いし》の灯籠《とうろう》が立《た》っています。

灯籠《とうろう》には、緑色《みどりいろ》の苔《こけ》がたくさんついていました。

庭《にわ》の奥《おく》にきれいな花《はな》が咲《さ》いています。

「わあ！きれい！」

麻里《まり》は、お花《はな》の方《ほう》へ走《はし》っていきました。

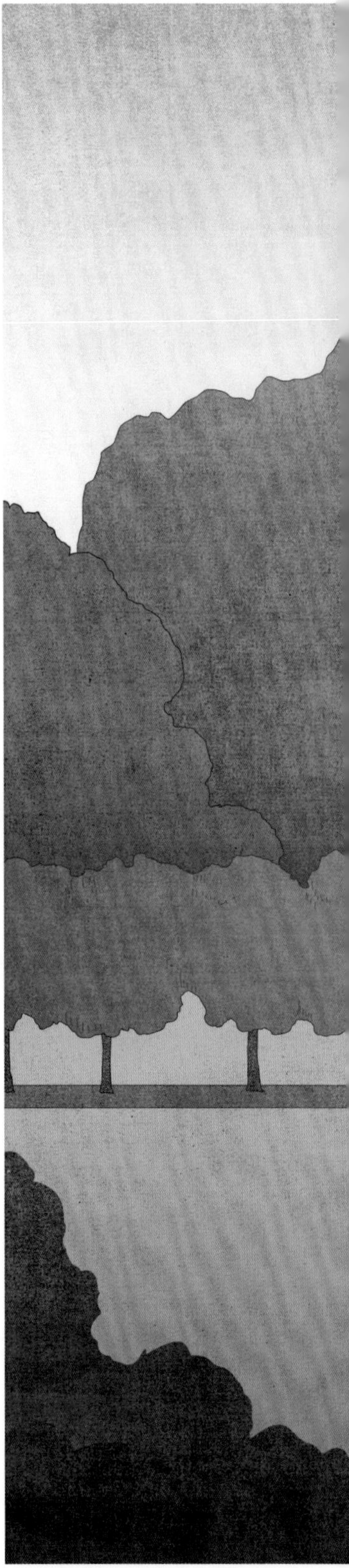

「麻里《まり》ちゃん、ちょっと、待《ま》って！」
お母《かあ》さんが、呼《よ》んでいますが、麻里《まり》には聞《き》こえません。
麻里《まり》は、一人《ひとり》で庭《にわ》をどんどん歩《ある》いていきました。右《みぎ》も左《ひだり》も、木《き》ばかりです。誰《だれ》もいません。

すると、緑色《みどりいろ》の木《き》の向《む》こうに、小《ちい》さな古《ふる》い建物《たてもの》がありました。茶色《ちゃいろ》くて、古《ふる》い、とてもとても小《ちい》さな家《いえ》です。

麻里《まり》は、家《いえ》の前《まえ》に立《た》ちました。家《いえ》には、小《ちい》さな入《い》り口《ぐち》がありました。

「中《なか》には、何《なに》があるのかな？」

麻里《まり》は、入《い》り口《ぐち》を開《あ》けて、家《いえ》の中《なか》に入《はい》りました。

「あら、麻里《まり》ちゃん。いらっしゃい。」

と、声《こえ》がしました。

家《いえ》の中《なか》に、麻里《まり》のお祖母《ばあ》さんが一人《ひとり》で座《すわ》っていました。お祖母《ばあ》さんは、きれいな着物《きもの》を着《き》ていました。

「おばあちゃん！ ここで何《なに》をしているの？」

麻里《まり》はびっくりして、お祖母《ばあ》さんに聞《き》きました。

「お茶《ちゃ》を入《い》れているんだよ。麻里《まり》ちゃんも飲《の》む？」

お祖母《ばあ》さんは優《やさ》しく笑《わら》いました。麻里《まり》は、お祖母《ばあ》さんの前《まえ》に座《すわ》りました。

家《いえ》の中《なか》は、森《もり》の匂《にお》いがしました。

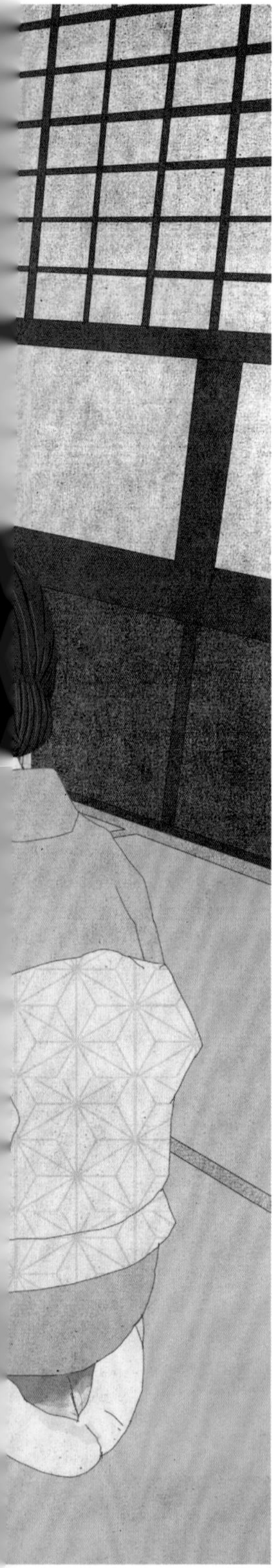

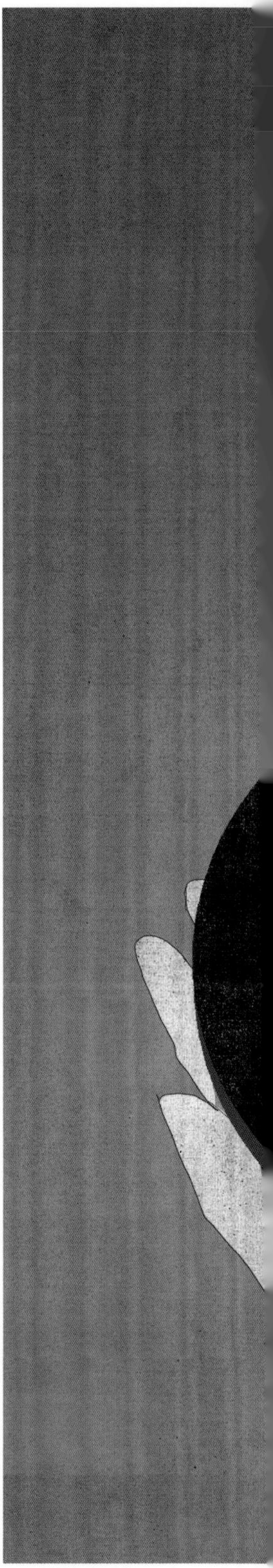

「お菓子《かし》をどうぞ。」

お祖母《ばあ》さんは、麻里《まり》の前《まえ》にお菓子《かし》を出《だ》しました。

「わあ！綺麗《きれい》！」

麻里《まり》は、お菓子《かし》を手《て》のひらにのせました。そのお菓子《かし》は丸《まる》くて、ピンク《ぴんく》色《いろ》や黄色《きいろ》、そして緑色《みどりいろ》の和菓子《わがし》でした。

「いただきます！」

「甘《あま》くて、おいしい！」

麻里《まり》は、大《おお》きな声《こえ》で言《い》いました。

お祖母《ばあ》さんは、優《やさ》しく笑《わら》っています。でも、何《なに》も言《い》いません。静《しず》かにお茶《ちゃ》を入《い》れています。

お祖母《ばあ》さんは、お茶碗《ちゃわん》にお湯《ゆ》をいれました。
コポ《こぽ》コポ《こぽ》コポ《こぽ》と、とても良《よ》い音《おと》がします。

「はい。お茶《ちゃ》をどうぞ」

お祖母《ばあ》さんは、麻里《まり》の前《まえ》にお茶碗《ちゃわん》を置《お》きました。

麻里《まり》は、両手《りょうて》で、そのお茶碗《ちゃわん》を取《と》りました。お茶碗《ちゃわん》は、大《おお》きくて、とても温《あたた》かいです。

麻里《まり》は、お茶《ちゃ》を一口《ひとくち》、飲《の》みました。「ちょっと苦《にが》い。」と麻里《まり》は思《おも》いました。でも、とても美味《おい》しいお茶《ちゃ》でした。体《からだ》と心《こころ》が、暖《あたた》かくなりました。

そのとき、「麻里《まり》ちゃーん!」と、お母《かあ》さんの声《こえ》が聞《き》こえました。

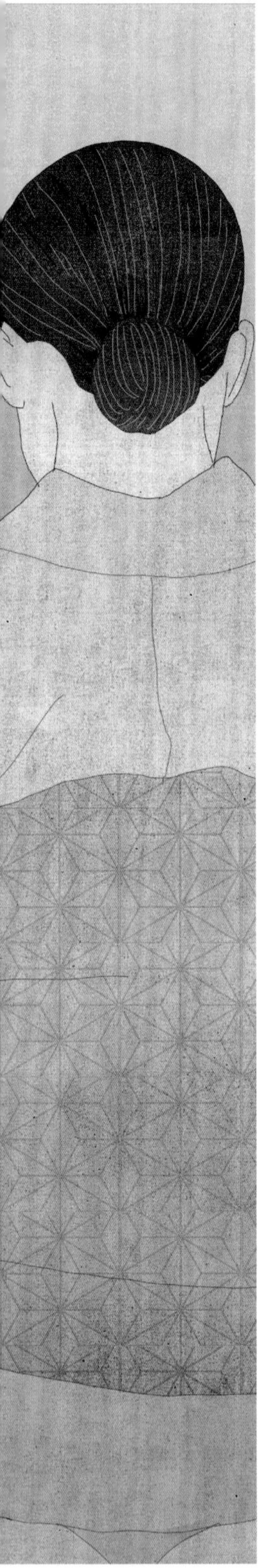

すると、お祖母《ばあ》さんが言《い》いました。

「麻里《まり》ちゃん、お母《かあ》さんがよんでいますよ。」

そして、お祖母《ばあ》さんは、花瓶《かびん》から牡丹《ぼたん》の花《はな》を取《と》って、麻里《まり》にあげました。

「はい、おみやげ。」

「あっ、このお花《はな》！ありがとう、お祖母《ばあ》ちゃん。」

麻里《まり》は、牡丹《ぼたん》のお花《はな》を持って、小《ちい》さな家《いえ》から出《で》ました。

庭《にわ》を歩《ある》いて門《もん》のところまで行《い》きました。

そこには、お母《かあ》さんとお父《とう》さんが立《た》っていました。

「あら、麻里《まり》ちゃん。牡丹《ぼたん》のお花《はな》？ きれいね。」

とお母《かあ》さんが言《い》いました。

「これは、お祖母《ばあ》ちゃんがね・・・。」

と麻里《まり》が言《い》いました。

すると、お母《かあ》さんが言《い》いました。

「そうね。お祖母《ばあ》さんのお墓《はか》に持《も》って行《い》きましょう。おばあちゃん、喜《よろこ》ぶでしょう。」

そして、お母《かあ》さんは優《やさ》しく麻里《まり》の頭《あたま》を撫《な》でました。

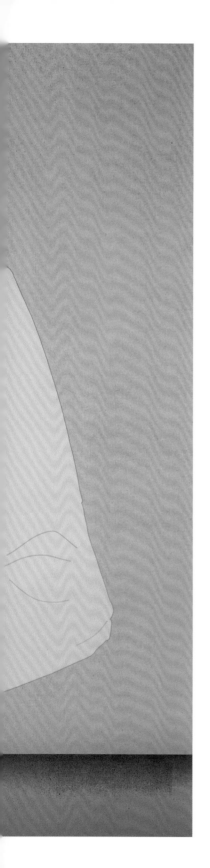

緑の騎士

The Green Knight

再話：アンジェリカ・ニュートン
挿絵：チバコウタロウ
監修：堀すみれ

大晦日《おおみそか》の夜《よる》です。ア《あ》ーサ《さ》ー王《おう》のお城《しろ》でパ《ぱ》ーテ《て》ィ《ぃ》ーがありました。人《ひと》がたくさん来《き》ました。みんなワ《わ》イ《い》ン《ん》を飲《の》んで、おいしいご飯《はん》を食《た》べています。ギ《ぎ》ィ《ぃ》ーっと重《おも》いド《ど》ア《あ》が開《ひら》きました。

ド《ど》ア《あ》の前《まえ》に騎士《きし》が立《た》っています。顔《かお》も体《からだ》も緑色《みどりいろ》です。

「ゲ《げ》ーム《む》をしよう。ル《る》ール《る》は簡単《かんたん》だ。この大鉈《おおなた》で、お前《まえ》たちの誰《だれ》かが私《わたし》の首《くび》を切《き》る。私《わたし》は一年後《いちねんご》、そいつの首《くび》を切《き》る。」

誰《だれ》も何《なに》も言《い》いません。とても静《しず》かです。

「私《わたし》がやります！」

ア《あ》ーサ《さ》ー王《おう》の甥《おい》、ガウェイン《がうぇいん》卿《きょう》が言《い》いました。

ガウェイン《がうぇいん》は大鉈《おおなた》を手《て》に取《と》りました。そして、バサッ《ばさっ》と緑《みどり》の騎士《きし》の首《くび》を切《き》りました。

「・・・な、なぜだ。」

緑《みどり》の騎士《きし》は生《い》きています。そして、自分《じぶん》の頭《あたま》を拾《ひろ》って言《い》いました。

「一年後《いちねんご》、緑《みどり》の教会《きょうかい》で待《ま》っているぞ。」

ガウェイン《がうぇいん》は怖《こわ》くてガタガタ《がたがた》と震《ふる》えました。

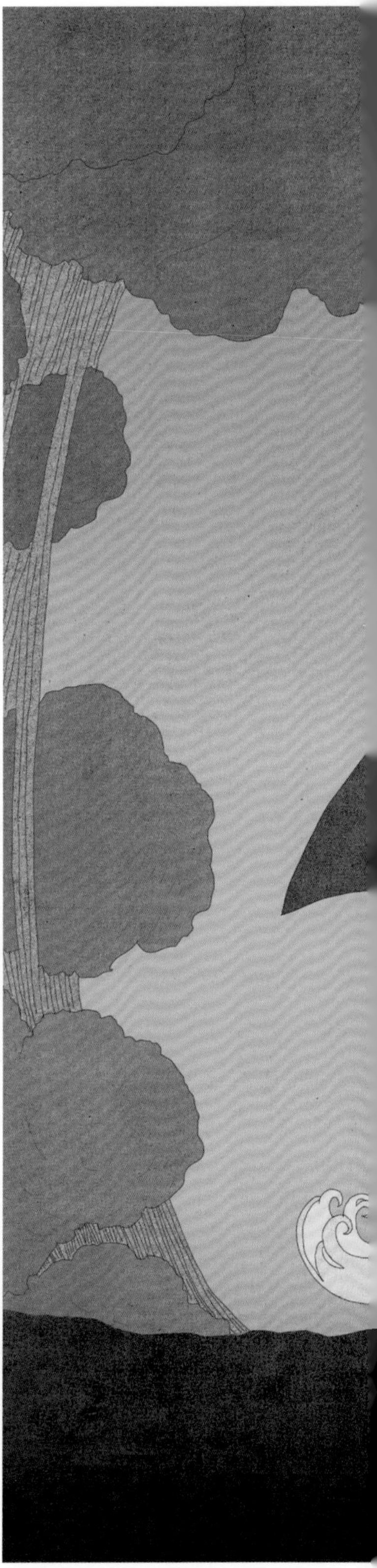

また冬《ふゆ》が来《き》ました。ガウェイン《がうぇいん》は旅《たび》に出《で》ました。緑《みどり》の騎士《きし》はどこでしょう。色々《いろいろ》な森《もり》の動物《どうぶつ》と戦《たたか》いました。寒《さむ》いです。お腹《なか》も空《す》きました。そして、クリスマス《くりすます》の日《ひ》、古《ふる》いお城《しろ》を見《み》つけました。

お城《しろ》には城主《じょうしゅ》とその后《きさき》が住《す》んでいました。二人《ふたり》はガウェイン《がうぇいん》に暖《あたた》かい食《た》べ物《もの》をあげました。ガウェイン《がうぇいん》は緑《みどり》の騎士《きし》について話《はな》しました。そして、城主《じょうしゅ》は言《い》いました。

「その教会《きょうかい》はここの近《ちか》くですよ。大晦日《おおみそか》までここで休《やす》んでください。私《わたし》は毎日《まいにち》、狩《か》りに行《い》きます。そして、あなたに動物《どうぶつ》をあげます。后《きさき》も毎日《まいにち》あなたに何《なに》かあげます。動物《どうぶつ》と后《きさき》のプレゼント《ぷれぜんと》を交換《こうかん》しましょう。」

一日目《いちにちめ》、ガウェイン《がうぇいん》は城主《じょうしゅ》にシカ《しか》をもらいました。后《きさき》には銀《ぎん》のネックレス《ねっくれす》をもらいました。

ガウェイン《がうぇいん》と城主《じょうしゅ》はシカ《しか》と銀《ぎん》のネックレス《ねっくれす》を交換《こうかん》しました。

二日目《ふつかめ》、城主《じょうしゅ》にイノシシ《いのしし》をもらいました。后《きさき》には金《きん》の指輪《ゆびわ》をもらいました。ガウェイン《がうぇいん》と城主《じょうしゅ》はイノシシ《いのしし》と金《きん》の指輪《ゆびわ》を交換《こうかん》しました。

三日目《みっかめ》です。后《きさき》がガウェイン《がうぇいん》の部屋《へや》に来《き》ました。手《て》には緑《みどり》のベルト《べると》を持《も》っています。

「これは魔法《まほう》のベルト《べると》です。あなたを守《まも》ります。」

后《きさき》はガウェイン《がうぇいん》の腰《こし》にベルト《べると》をつけました。

ガウェイン《がうぇいん》は
「ありがとう。」

と言《い》って、立《た》ち上《あ》がりました。后《きさき》は部屋《へや》を出《で》ました。

その夜《よる》、城主《じょうしゅ》はガウェイン《がうぇいん》にキツネ《きつね》をあげました。ガウェイン《がうぇいん》は
「今日《きょう》は、お后《きさき》に何《なに》ももらいませんでした。」

と言《い》いました。

大晦日《おおみそか》の朝《あさ》です。ガウェイン《がうぇいん》はお城《しろ》の近《ちか》くの教会《きょうかい》へ行《い》きました。教会《きょうかい》は中《なか》も外《そと》も緑色《みどりいろ》です。

ザッ《ざっ》・・ザッ《ざっ》・・ザッ《ざっ》・・。緑《みどり》の騎士《きし》が来《き》ました。

ガウェイン《がうぇいん》は教会《きょうかい》のマリア《まりあ》様《さま》を見《み》ました。マリア《まりあ》様《さま》は優《やさ》しくガウェイン《がうぇいん》に微笑《ほほえ》みました。ガウェイン《がうぇいん》はゆっくりと緑《みどり》の騎士《きし》の前《まえ》にひざまずきました。そして小《ちい》さい声《こえ》でお祈《いの》りを言《い》いました。

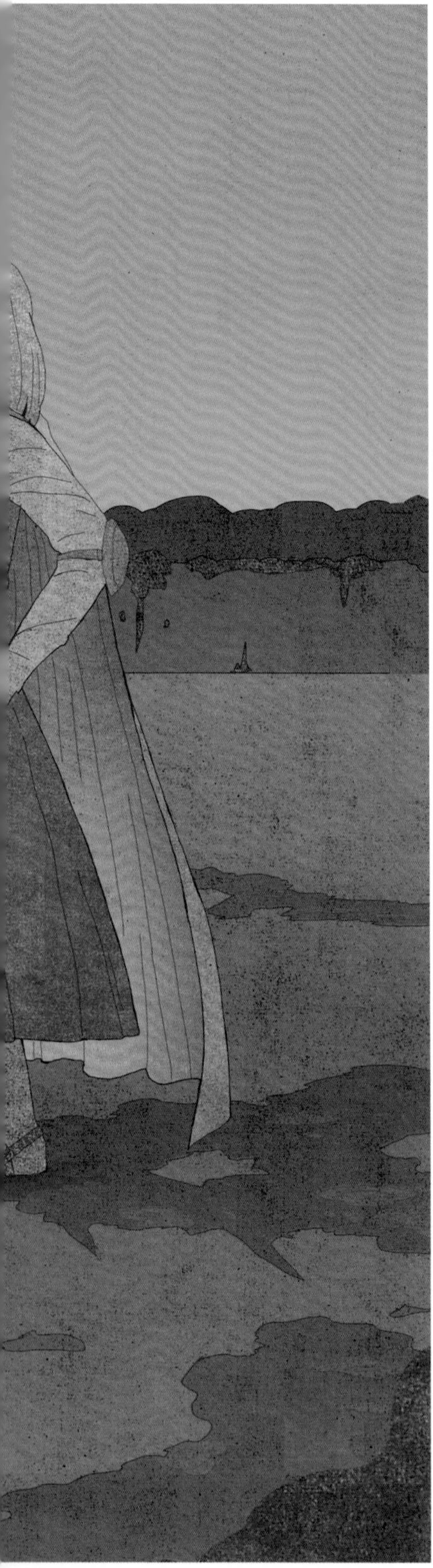

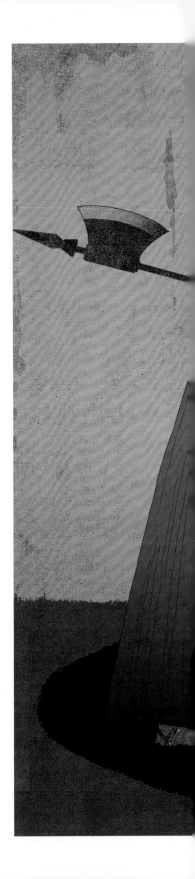

緑《みどり》の騎士《きし》は、ガウェイン《がうぇいん》の横《よこ》に立《た》ちました。そして、大鉈《おおなた》を振《ふ》り下《お》ろしました。

「・・・・・」

でも、ガウェイン《がうぇいん》にあたりません。

緑《みどり》の騎士《きし》はまた大鉈《おおなた》を振《ふ》り下《お》ろしました。

「・・・・・」

でも、あたりません。

ガウェイン《がうぇいん》の顔《かお》から汗《あせ》がたくさん出《で》てきました。

三回目《さんかいめ》、緑《みどり》の騎士《きし》はまた大鉈《おおなた》を振《ふ》り下《お》ろしました。

ポタ《ぽた》っ、ポタ《ぽた》っ。ガウェイン《がうぇいん》の首《くび》から血《ち》が出《で》ました。

ガウエイン《がうぇいん》はそっと首《くび》を触《さわ》りました。そして、緑《みどり》の騎士《きし》を見《み》ました。

「私《わたし》の名前《なまえ》はベルシラック《べるしらっく》。城主《じょうしゅ》だ。一日目《いちにちめ》と二日目《ふつかめ》、おまえは約束《やくそく》を守《まも》った。でも三日目《みっかめ》の夜《よる》、約束《やくそく》を守《まも》らなかった。」

ガウェイン《がうぇいん》はジャケット《じゃけっと》の下《した》の緑《みどり》のベルト《べると》を触《さわ》りました。それからベルト《べると》を取《と》って言《い》いました。

「三日目《みっかめ》の夜《よる》、お后《きさき》にこれをもらいました。」

「ガウェイン《がうぇいん》、お前《まえ》は本当《ほんとう》の騎士《きし》だ。」

緑《みどり》の騎士《きし》は、最後《さいご》にもう一度《いちど》大鉈《おおなた》を振《ふ》り下《お》ろしました。

教会《きょうかい》はまた静《しず》かになりました。

梢の夢と挑戦

Kozue's Dream and Challenge

作：山中彰子
挿絵：パナ・スタモス
監修：穴井宰子

二千十一年七月十一日《にせんじゅういちねんしちがつじゅういちにち》。

ドイツ《どいつ》のフランクフルト《ふらんくふると》のスタジアム《すたじあむ》は大歓声《だいかんせい》でいっぱいです。

日本《にっぽん》対《たい》アメリカ《あめりか》、女子《じょし》サッカー《さっかー》のワールドカップ《わーるどかっぷ》決勝戦《けっしょうせん》。

世界中《せかいじゅう》の人《ひと》が見《み》ています。

日本代表《にっぽんだいひょう》チーム《ちーむ》、優勝《ゆうしょう》！

梢《こずえ》はトロフィー《とろふぃー》を両手《りょうて》に持《も》って、高《たか》く上《あ》げました。


「やったー！」

金色《きんいろ》の紙吹雪《かみふぶき》が飛《と》びます。

梢《こずえ》は、「この時間《じかん》がずっと続《つづ》いて欲《ほ》しい。」と、思《おも》いました。

「夢《ゆめ》はかなうんだ。」

JAPON

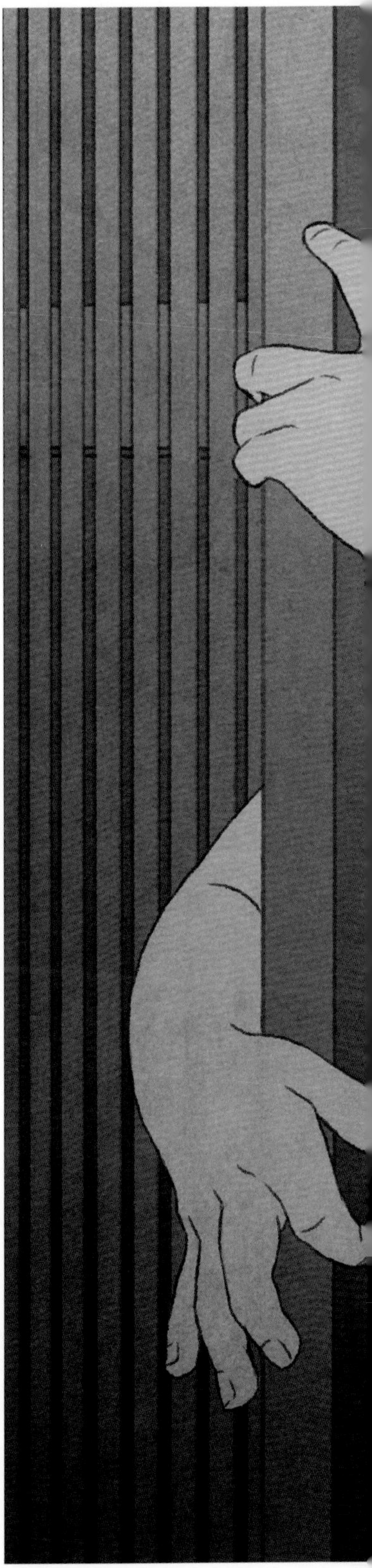

「幼稚園《ようちえん》に行《い》きたくない！」

小《ちい》さな女《おんな》の子《こ》が泣《な》いています。

梢《こずえ》は幼稚園《ようちえん》が嫌《きら》いでした。幼稚園《ようちえん》より、お父《とう》さんと公園《こうえん》で、ボール《ぼーる》で遊《あそ》ぶのが大好《だいす》きでした。

「梢《こずえ》ちゃん、幼稚園《ようちえん》にサッカークラブ《さっかーくらぶ》がありますよ。」

と、幼稚園《ようちえん》の先生《せんせい》が言《い》いました。

「明日《あした》、幼稚園《ようちえん》で、サッカー《さっかー》しましょうか！」

次《つぎ》の日《ひ》、梢《こずえ》は、幼稚園《ようちえん》に行《い》きました。

そして、サッカークラブ《さっかーくらぶ》で男《おとこ》の子《こ》たちとボール《ぼーる》を蹴《け》っていました。

梢《こずえ》は小学生《しょうがくせい》になりました。

小学校《しょうがっこう》にサッカークラブ《さっかーくらぶ》がありましたが、女の子《おんなこ》はいませんでした。

「私《わたし》もサッカー《さっかー》したいなぁ。」

梢《こずえ》は思《おも》いました。

お父《とう》さんとお母《かあ》さんは、校長先生《こうちょうせんせい》に会《あ》いにいきました。

「梢《こずえ》を小学校《しょうがっこう》のサッカークラブ《さっかーくらぶ》に入《い》れてください。」

と、お願《ねが》いしました。


それから、梢《こずえ》は、男の子《おとここ》たちとサッカークラブ《さっかーくらぶ》で練習《れんしゅう》をしました。

でも、女の子《おんなこ》は梢《こずえ》だけでした。

試合《しあい》の時《とき》、誰《だれ》かが「女の子《おんなこ》に負《ま》けるな！」と言《い》いました。

梢《こずえ》は「なにくそ！」と、思《おも》いました。

「サッカー《さっかー》が上手《じょうず》になりたい」

目標《もくひょう》をノート《のーと》に書《か》いて、毎日毎日《まいにちまいにち》、練習《れんしゅう》しました。

JA
JAPAN
adidas

梢《こずえ》は、サッカー《さっかー》がどんどん上手《じょうず》になりました。

そして、十六歳《じゅうろくさい》の時《とき》に日本代表選手《にっぽんだいひょうせんしゅ》になりました。

日本《にっぽん》チーム《ちーむ》は、ワールドカップ《わーるどかっぷ》のアメリカ《あめりか》大会《たいかい》に出場《しゅつじょう》しました。

アメリカ《あめりか》では、女子サッカー《じょしさっかー》がとても人気《にんき》がありました。

スタジアム《すたじあむ》は、たくさんお客《きゃく》さんがいました。

「アメリカ《あめりか》では、たくさんの人《ひと》が女子サッカー《じょしさっかー》を応援《おうえん》している！」

「海外《かいがい》の選手《せんしゅ》はとても強《つよ》い。世界《せかい》は広《ひろ》いな。」

「世界《せかい》で一番《いちばん》のサッカー選手《さっかーせんしゅ》になりたい。」

と、梢《こずえ》は思《おも》いました。

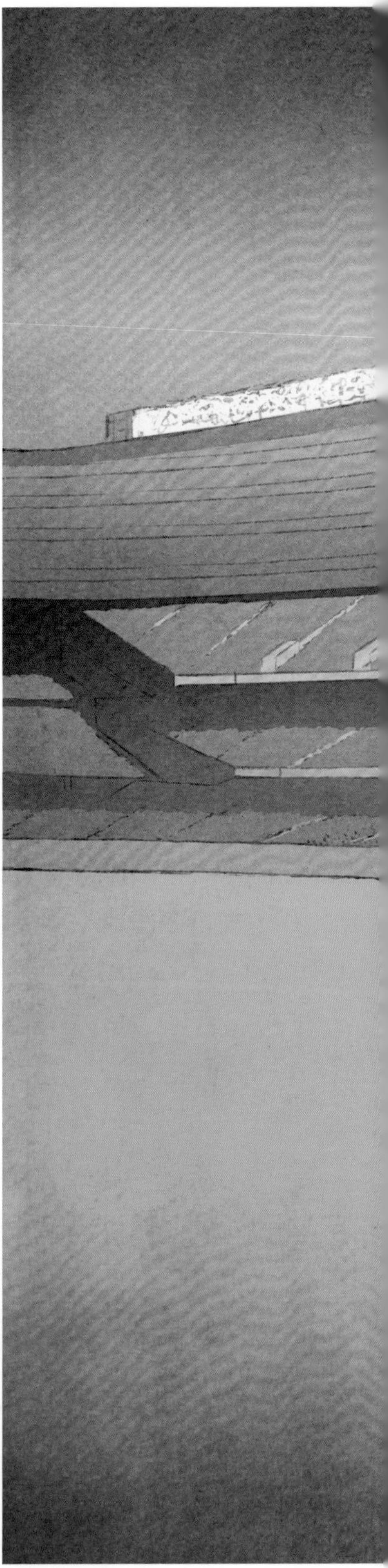

梢《こずえ》は、二千十年《にせんじゅうねん》からドイツ《どいっ》のチーム《ちーむ》に入《はい》りました。
ドイツ《どいっ》には、上手《じょうず》なサッカー《さっかー》選手《せんしゅ》がたくさんいます。
梢《こずえ》は、ドイツ《どいっ》でも、毎日《まいにち》、練習《れんしゅう》しました。

はじめは、ドイツ語《どいっご》も分《わ》かりませんでした。
けれども、ドイツ《どいっ》では、みんなが意見《いけん》を言《い》います。
梢《こずえ》はドイツ語《どいっご》を習《なら》って、自分《じぶん》の意見《いけん》をどんどん言《い》いました。
新《あたら》しい挑戦《ちょうせん》はとても大変《たいへん》でした。

でも、いろいろな人《ひと》が梢《こずえ》を応援《おうえん》してくれました。

そして、二千十一年《にせんじゅういちねん》に、ドイツ《どいつ》でワールドカップ《わーるどかっぷ》がありました。
はじめは、日本代表《にっぽんだいひょう》チーム《ちーむ》は上手《うま》くいきませんでした。
チームメイト《ちーむめいと》たちは何度《なんど》も話《はな》しました。
誰《だれ》かの失敗《しっぱい》は、みんなで助《たす》けます。
チーム《ちーむ》はだんだん一《ひと》つになりました。
「サッカー《さっかー》は本当《ほんとう》に楽《たの》しい。」
梢《こずえ》は、一生懸命《いっしょうけんめい》走《はし》りました。

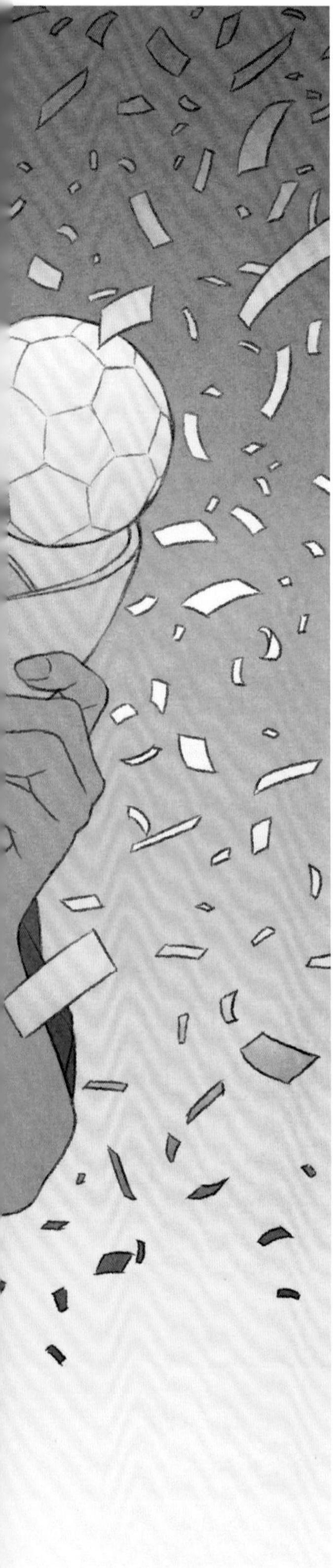

梢《こずえ》と日本代表《にっぽんだいひょう》チーム《ちーむ》は、みんなで力《ちから》を合《あ》わせて、大《おお》きな力《ちから》を出《だ》しました。
そしてワールドカップ《わーるどかっぷ》で優勝《ゆうしょう》しました。
スタジアム《すたじあむ》は大歓声《だいかんせい》でいっぱいです。
この日《ひ》、梢《こずえ》は「世界《せかい》で一番《いちばん》のサッカー《さっかー》選手《せんしゅ》」なりました。

「夢《ゆめ》はかなうんだ。」

梢《こずえ》は、優勝《ゆうしょう》トロフィー《とろふぃー》を抱《だ》きしめました。

安藤梢《あんどうこずえ》さんは、三菱重工浦和レッズレディース《みつびしじゅうこううらわれっずれでぃーす》の選手《せんしゅ》です。そして筑波大学《つくばだいがく》でスポーツウエルネス《すぽーつうえるねす》学《がく》を教《おし》えています。（二千二十二年六月《にせんにじゅうにねんろくがつ》）

adidas

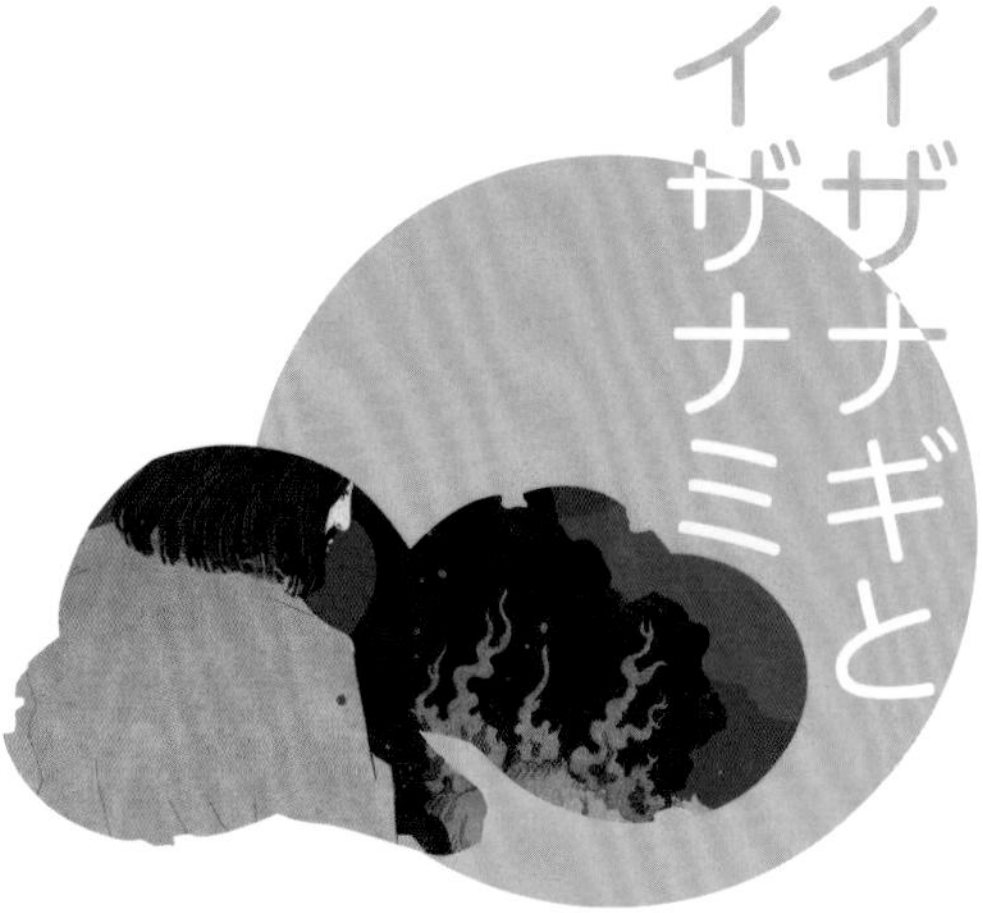

Izanagi and Izanami

After the divine couple, Izanagi and Izanami, successfully created the islands of Japan, Izanami dies during childbirth. Determined to bring her back, Izanagi follows her to the netherworld.

Story retold by Sumire Hori
Illustration by Kotaro Chiba

Children's Games

Kenji's illustrations depict children's games in the recent past. They may have watched television sometimes but there were no computer games nor smart phones. There are songs to accompany them. Many games were played outside with friends. Some of them are still played today.

Text by Suzuko Anai
Illustration by Kenji Mouri

The Grandma and Tea House in the Wood

Mari visited her grandma's house. In the wood beyond the garden, she found a little house where her grandma is practising a Japanese tea ceremony.

Story by Akiko Yamanaka
Illustration by Kotaro Chiba

The Green Knight

On New Year's Eve, the Green Knight appears at King Arthur's court. Sir Gawain bravely takes on the challenge and cuts off his head. Little did he know that this was only the beginning of his long journey to confront his own demons and protect his honour.

Story retold by Angelica Newton
Illustration by Kotaro Chiba

Kozue's Dream and Challenge

Kozue Ando was one of the players of the Japanese national team that won the 2011 women's world cup. Her dream and challenge to become a female football player began when she was a little girl.

Story by Akiko Yamanaka
Illustration by Pana Stamos

LRJ Levels	Characters per Story	Vocabulary Range (up to)	Europe - CEFR Levels	US - ACTFL Proficiency Guidelines
1	500 - 1500	500	A1	Novice
2	1500 - 2000	800	A2-1	Intermediate
3	2000 - 3000	1200	A2-2	Intermediate High
4	3000 - 5000	1500	B1-1	Advanced Low
5	5000 - 8000	2000	B1-2	Advanced Mid
6	8000 - 10000	3000	B2	Advanced High

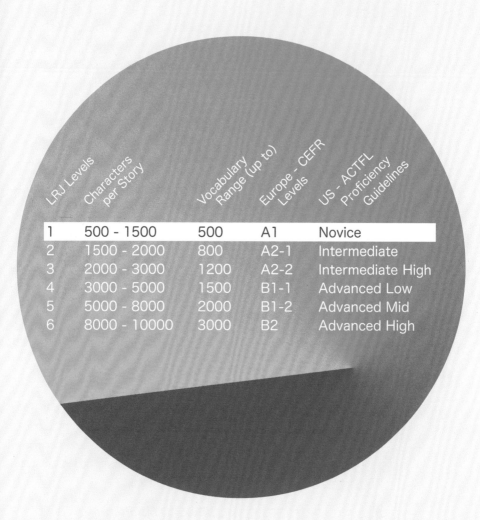